DAYEON AUH wurde in Seoul, Südkorea, geboren und studierte an der Burg Giebichenstein Kunsthochschule Halle sowie an der Universität der Künste in Berlin. Sie bereiste viele Länder, wie Indien, Italien und Sri Lanka. Dabei gestaltete sie im Auftrag für Hostels riesige Wandgemälde. Dayeon wünscht sich, dass ihre Bilder in Erinnerung bleiben, Freude und Inspiration in der Welt verbreiten und die kleinen Momente wertschätzen, die das Leben bedeutsam machen. Sie lebt und arbeitet in Berlin und Leipzig.

DIE GESCHICHTE in diesem Buch basiert auf einem traditionellen koreanischen Volksmärchen.
Dayeon Auh hat die Geschichte von »Samnyeongogae« (englisch: Three Year Mountain Path) nacherzählt und illustriert. Das Märchen vom vermeintlich verhängnisvollen Berg ist in Korea sehr beliebt und wird gerne bereits im Kindergarten oder in der Grundschule vorgelesen.
Da Korea zu 70% von Bergen bedeckt ist, sind Geschichten, in denen Berge überquert werden, ein häufiges Motiv in der koreanischen Folklore.

EIN BERG EIN STURZ EIN LANGES LEBEN

DAYEON AUH

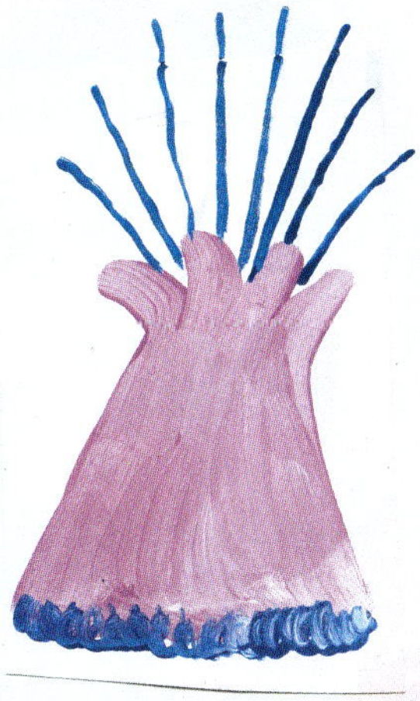

Nord Süd

Vor langer Zeit lebte ein Großvater in einem kleinen Dorf.
Er hatte ein paar Tiere und wohnte in einem hübschen Häuschen.
Wenn er zum Markt wollte, musste er einen Berg überqueren.

Doch der Berg war kein gewöhnlicher Berg.
Man erzählte sich nämlich eine Geschichte über ihn:
Wer diesen Berg besteigt und dabei hinfällt,
der hat nur noch drei Jahre zu leben.

Wer diese Geschichte in die Welt gebracht hatte,
wusste niemand.

Darum wurde der Berg
»Berg des Grauens« genannt.

Eines Tages machte sich der Großvater
wieder auf den Weg zum Markt.
Er war wie immer, wenn er zum Berg des Grauens kam, besorgt.
Der Berg wirkte richtig düster auf ihn.

Er stieg den Berg hinauf.
Mit einem Mal ...

... hörte er ein Geräusch, ein Rascheln, das aus einem Gebüsch kam.
Das hatte sich wie ein wildes Tier angehört.
Da war es schon zu spät: Der Großvater stürzte.

Ein Sturz, und das auf dem Berg des Grauens!
Um Himmels willen!

Es gab doch noch so viel Schönes,
das der Großvater erleben wollte.

Es vergingen drei Jahre.

Der Großvater hatte seinen Sturz auf dem Berg des Grauens nicht vergessen.

Schließlich begann er, sich unwohl zu fühlen. Er fühlte sich immer schwächer und schwächer und dann sehr krank.

Mit letzter Kraft und tief besorgt,
besuchte er die beste Ärztin weit und breit.

Aber sogar die beste Ärztin weit und breit
konnte den Grund für seine Krankheit nicht herausfinden.

»Eigentlich scheinen Sie mir vollkommen gesund zu sein«, sagte die Ärztin und tätschelte ihm aufmunternd die Schulter.

Aber der Großvater fühlte sich
ganz und gar nicht gesund!

Eines Tages kam seine Enkelin zu Besuch.
Sie wunderte sich, dass ihr der Großvater
nicht wie sonst fröhlich entgegenstapfte.
»Was ist los? Bist du krank, Opa?«, fragte sie.

Nachdem sie die ganze Geschichte gehört hatte, dachte sie einen Moment nach und sagte:

»Opa, wenn du noch einmal hinfällst,
lebst du noch mal drei Jahre länger.

Wenn du dann noch mal fällst,
lebst du sechs Jahre länger.

Und wenn du drei Mal fällst,
lebst du sogar neun Jahre länger.

Das heißt,
wenn du zehn Mal hinfällst,
lebst du noch 30 Jahre!«

Da wurde der Großvater mit einem Schlag munter.
Diese Rechnung hatte er nicht gemacht!
Er sprang auf und lief sogleich zum Berg.
Plötzlich fühlte er sich wieder fröhlich und unbeschwert.

Auf dem Berg stürzte sich der Großvater
begeistert auf den Boden.

Er sprang auf und purzelte wieder und wieder
den Berg hinunter.

Es bereitete ihm so viel Freude, dass er gar nicht mehr
aufhören wollte, den Berg hinunterzurollen.

Es war alles
so einfach!

»Wie schön das Leben doch ist!«, dachte der Großvater.

Seitdem wird der Berg
»Berg des langen und glücklichen Lebens« genannt.
Niemand fürchtete sich mehr vor ihm.

Im Gegenteil!
Noch heute strömen viele Menschen herbei
und purzeln vergnügt den Berg hinunter.

Vorwort

Liebe Leserinnen, liebe Leser,

gibt es konfliktfreie Zusammenarbeit? Nein, das ist nicht möglich, und so manche*r würde eventuell noch ein „leider" hinzufügen. Konflikte gehören im Arbeitsalltag einfach dazu. Die Komplexität, die manche Konflikte entwickeln, kann schwindelerregend sein. Nicht umsonst füllt die Literatur über Konfliktmanagement ganze Regalreihen. Umso schöner, dass sich viele Konflikte im beruflichen Alltag relativ einfach lösen lassen – jedoch nur, wenn sie zeitnah bearbeitet werden.

Das vorliegende Heft lässt sich als Hausapotheke für alltägliche und wenig eskalierte Konflikte verstehen. Sie finden hier methodische Hinweise und Tools, wie Sie in einem Konfliktfall konkret vorgehen können, sowie theoretische Grundlagen zum Konfliktmanagement. Diese helfen Ihnen, besser zu verstehen, worin genau der unvereinbare Gegensatz besteht, der den jeweiligen Konflikt ausgelöst hat, und wie die Dynamik des Konfliktes einzuordnen ist. Reale Fallbeispiele aus unserer beruflichen Erfahrung veranschaulichen den Bezug zum Kita-Alltag. Sie wurden aber verfremdet, sodass eine Zuordnung zu konkreten Fällen nicht mehr möglich ist.

Neben seiner Funktion als Hausapotheke für den Akutfall trägt das Heft dazu bei, die eigene Standfestigkeit im Konfliktfall zu steigern, sodass sich Leitungskräfte und Mitarbeitende in der Lage sehen, die zahlreichen kleineren Konflikte im Alltag schnell und nachhaltig aufzulösen. Auch für eine nachträgliche Analyse eines Konflikts lassen sich die Inhalte des Hefts nutzen. Derartige Reflexionen helfen, ein tiefer gehendes Verständnis für konflikthafte Begebenheiten und deren Dynamik aufzubauen. Behandelt werden hier ausschließlich Konflikte zwischen Erwachsenen.

„Konflikte brauchen nicht zwingend einen Konsens, aber immer einen Dialog."
Helmut Glasl

Was Sie in diesem Heft nicht finden, sind Rezepte zur Konfliktbearbeitung. In der Regel berühren Konflikte (tiefe) menschliche Interessen, Bedürfnisse oder Wertvorstellungen. Kein Konflikt gleicht dem anderen! Jeder einzelne erfordert einen individuell zugeschnittenen Bearbeitungs- und Lösungsweg. Zugleich sei darauf hingewiesen, dass es in manchen Fällen, beispielsweise bei hoch eskalierten Konflikten oder einem Mobbingverdacht, notwendig ist, die begrenzten Möglichkeiten dieses Hefts anzuerkennen und externe Unterstützung einzubeziehen.

Bei der Auswahl der Themen haben wir uns an der Vielzahl der Konflikterfahrungen orientiert, die Leitungskräfte in unseren Coaching- und Weiterbildungsangeboten geschildert haben.

Wir wünschen Ihnen einen respektvollen und zuversichtlichen Umgang mit den verschiedensten Konflikten des beruflichen Alltags.

Birgit Thurmann & Inga Hansen

Birgit Thurmann

Diplom-Pädagogin, ist Oberstudienrätin an der Fachschule für Sozial- und Heilpädagogik sowie im Aufbaubildungsgang Sozialmanagement an der Elly-Heuss-Knapp-Schule in Neumünster tätig.

Inga Hansen

Sozialwissenschaftlerin (M. A.), ist als Studienrätin an der Fachschule für Sozialpädagogik und im Aufbaubildungsgang Sozialmanagement an der Elly-Heuss-Knapp-Schule in Neumünster tätig.

Inhalt

I. Grundlagen **3**

1. Ohne Konflikte geht es nicht 3
2. Was genau ist ein Konflikt? 3
3. Was Konflikte so anstrengend macht 4
4. Konfliktmuster und Streittypen 5
5. Konfliktfähigkeit 7
6. Konflikte im Arbeitskontext 8

II. Konfliktdynamiken verstehen **10**

1. Eskalationsstufen 10
2. Die Wahrnehmung verändert sich 16
3. Konflikte und ihre Erscheinungsformen 17
4. Konfliktanalyse anhand eines Beispiels 25

III. Konflikte bearbeiten **26**

1. Konflikte und Probleme konstruktiv ansprechen 26
2. Interventionen in Gesprächen 27
3. Konfliktgespräche moderieren 27
4. Konfliktklärung zwischen Gruppen 30
5. Konflikte konstruktiv beenden 31

IV. Herausfordernde Situationen erfolgreich handhaben **32**

1. Umgang mit Kritik 32
2. Bedürfnisse hinter der Kritik erkennen 33
3. Eingreifen – ja oder nein? 34
4. Umgang mit Wut und Ärger 35
5. Double-Bind: zwei Inhalte, eine Nachricht 36
6. Dramadreieck und manipulative Konfliktmuster 37
7. Umgang mit Passivität 41
8. Sonderfall Mobbing 41

V. Konfliktprävention – Modelle, Übungen und Reflexionsanregungen **43**

1. Verschiedenheit nutzen 43
2. „Drei-Karten-Feedback“ 45
3. Gut vorbereitet für den Konfliktfall 46

Literatur **47**
Dank **48**
Impressum **48**